AF467359

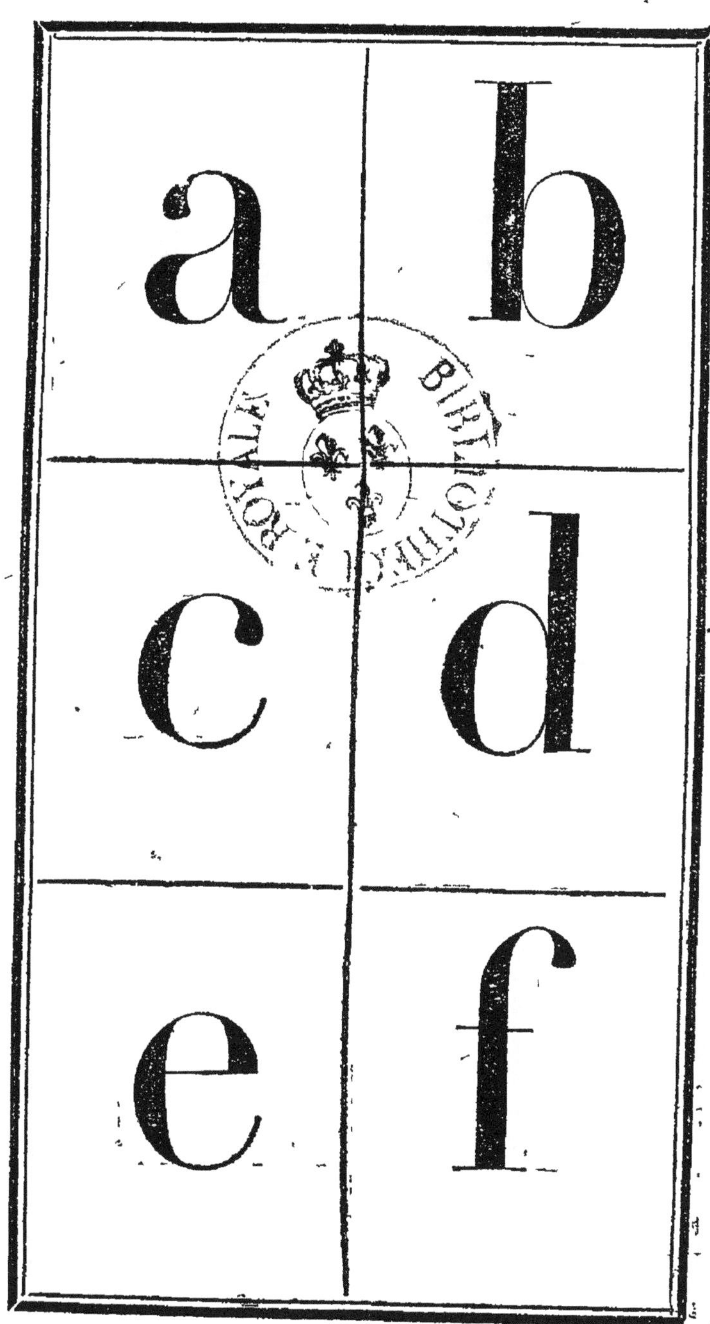
a
b
c
d
e
f

g	h
i j	k
l	m

n	o
p	q
r	s

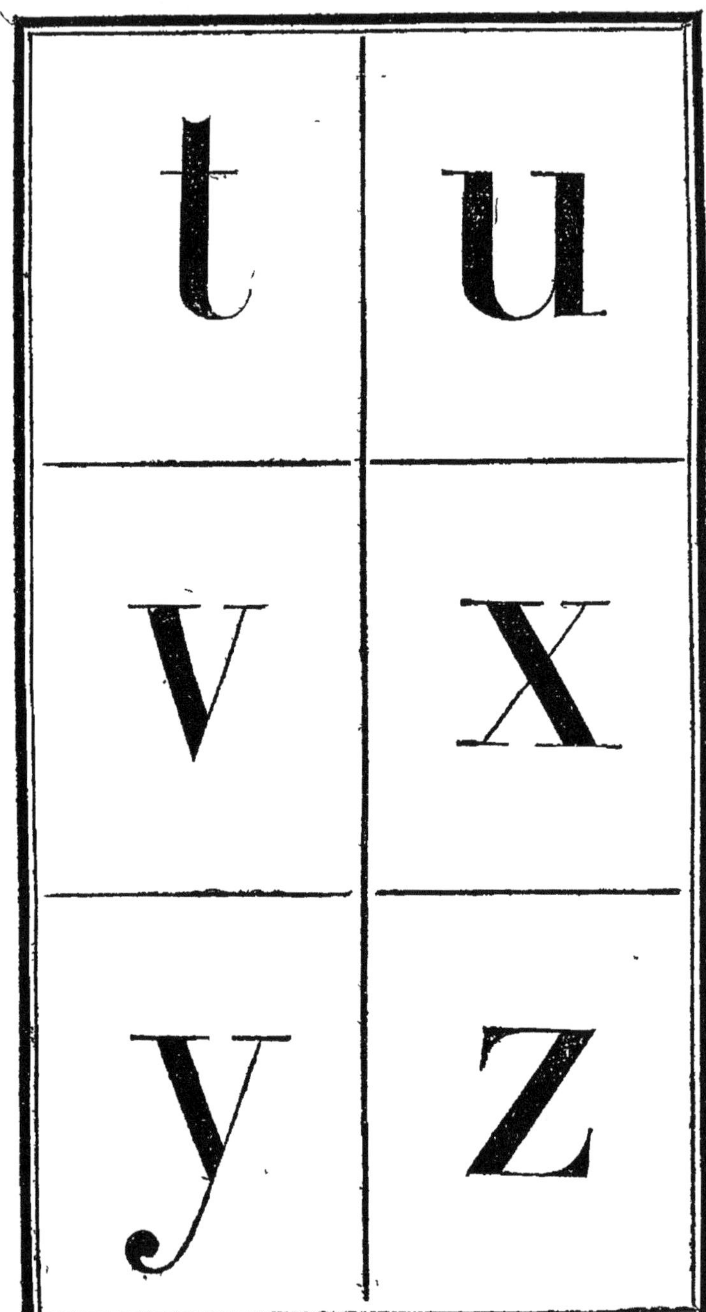
t
u
v
x
y
z

A B C D

E F G H

I J K L

M N O P

Q R S T

U V X Y Z.

A B C D

E F G H

I J K L

M N O P

Q R S T

U V X Y Z.

a b c d

e f g h

i j k l

m n o p

q r s t

u v x y z.

ALPHABET QUADRUPLE,

Ou lettres majuscules et minuscules, courantes, italiques et manuscrites.

A a *A a*	B b *B b*	C c *C c*	D d *D d d*	E e *E e*
F f *F f*	G g *G g*	H h *H h*	I i *I i*	J j *J j*
K k *K k*	L l *L l l*	M m *M m*	N n *N n n*	O o *O o*
P p *P p*	Q q *Q q*	R r *R r r*	S s *S s*	T t *T t*
U u *U u*	V v *V v*	X x *X x*	Y y *Y y*	Z z *Z z*

Voyelles.

a e i ou y o u

Syllabes.

ba be bi bo bu
ca ce ci co cu
da de di do du
fa fe fi fo fu
ga ge gi go gu
ha he hi ho hu
ja je ji jo ju
ka ke ki ko ku

la	le	li	lo	lu
ma	me	mi	mo	mu
na	ne	ni	no	nu
pa	pe	pi	po	pu
qua	que	qui	quo	qu
ra	re	ri	ro	ru
sa	se	si	so	su
ta	te	ti	to	tu
va	ve	vi	vo	vu
za	ze	zi	zo	zu

Lettres doubles et liées ensemble.

æ œ fi ffi

fl ffl ff ſb

ct ſt w &.

æ œ fi ffi

fl ffl ff ſb

ct ſt w &.

Mots les plus faciles à épeler.

Sons simples.

Pa pa. Papa.

A mi. Ami.

Mi di. Midi.

De mi. Demi.

Bo bo. Bobo.

Co co. Coco.

Ce la. Cela.

Ce ci. Ceci.

Jé sus. Jésus.

(*Mots plus difficiles à épeler.*)

In di gna tion.

Pa ti en ce.

In di vi si bi li té.

Or phe lin.

I ne xo ra ble.

Scor pi on.

Zo di a que.

Pa trouil le.

Ci trouil le.

Bouil li

Lettres accentuées.

é	(aigu)
à è ù	(graves)
â ê î ô û	(circonflexes)
ë ï ü	(tréma)

Pâ té.

Mè re.

Pâ tre.

Mê me.

Maî tre.

A pô tre.

Hé ro ï ne.

*Comment on prononce l'*y *grec.*
(Il tient la place de deux *i*)

Voyage.
Moyen.
Citoyen.
Payen.
Pays.
Abbaye.
Paysan.
Yeux.
Yeuse.

Comment on prononce ch.

Chez.
Chat.
Chien.
Chu-cho-ter.
Chi-rur-gien.

Cas où l'on prononce ch *comme si c'était un* k.

Or-ches-tre.
Cho-ris-te.
Chré-ti-en.
Chro-ni-que.
Chi-ro-man-cie.
Cha-os.

Du ç *cédille.*

Ma-çon.
Re-çu.
Gar-çon.
Fa-ça-de.
For-çat.
Fran-çois.
Su-ço-ter.

De l *mouillée.*

Mouil-ler.
Fil-le.
Fa-mil-le.
Quil-le.
Fail-lir.
A-beil-le.
O-reil-le.
Cueil-lir.
Re-cueil.
Ail.
Pail-le.
Pail-las-son.
Bil-lard.
Gail-lard.
Co-quil-le.

Du g *mouillé.*

Rè-gne.
Pei-gne.
Tei-gne.
Ro-gnon.
O-gnon.
Mon-ta-gne.
Cam-pa-gne.
Com-pa-gnie.

Prononciation de ph *comme si c'était une* f.

Phi-lo-so-phie.
Phy-si-que.
Phra-se.
Jo-seph.
Jo-sé-phi-ne.

h *ordinaire.*

L'hom-me.
L'hon-nê-te-té.
L'hon-neur.
L'heu-reux.

h *aspirée.*

Le hé-ros.
Le hé-rault.
Le har-di.
La hon-te.
Le hon-teux.
La Hol-lan-de.
Le hi-bou.

Lettres doubles, æ *et* œ.

Mu-sæ.
Ta-bu-læ.
Pa-tu-læ.
Vœu.
Nœud.
Cœur.
Œuf.
Bœuf.
Œil.
Œil-let.

x *prononcé ordinairement.*

Ex-er-ci-ce.
He-xa-mè-tre.
Ex-cès.
Ex-cel-lent.

x *prononcé comme* ss.

Au-xer-re.
Six.
Dix.

x *prononcé fortement.*

Lu-xe.
A-xe.
A-le-xan-dre.
Xé-no-phon.
Pa-ra-do-xe.

oi *prononcé comme* ai.

J'ai-mois.	J'a-vois.
Il ai-moit.	Il é-toit.

RÈGLES DE LA CIVILITÉ.

M. D'ALBANE.

Approchez, Elisa, Auguste, Emilie, et toi aussi, petit Prosper ; causons un peu ensemble comme des amis. Dis-moi, Auguste, sais-tu ce que c'est que la civilité ?

AUGUSTE.

Mon papa, vous nous l'avez dit bien souvent ; mais je ne sais pas assez bien m'expliquer pour vous répéter, comme il faut, ce que vous nous avez appris sur cela ;

soyez assez bon pour nous le dire encore, je tâcherai cette fois de le bien retenir.

M. D'ALBANE.

La Civilité est, en général, la manière d'agir et de converser avec les autres hommes; elle apprend ce que l'on se doit à soi-même, et les égards que l'on doit à chacun selon sa conduite.

ÉLISA.

Je croyois que pour être civil, il suffisait de saluer poliment les personnes de sa connaissance, de leur souhaiter le bonjour, et de remercier quand on reçoit quelque chose.

M. D'ALBANE.

La civilité s'étend beaucoup plus loin, ma chère petite : elle consiste à ne rien faire contre la bienséance, qui est la convenance des paroles et des actions avec les temps, les lieux et les personnes; elle nous sert à cacher nos imperfections morales et physiques, et à supporter celles que les autres ne veulent ou ne peuvent point déguiser.

La civilité est aussi un cérémonial qui a ses règles; elle diffère selon le pays où l'on est : c'est pourquoi il faut la connaître et la pratiquer pour n'être point grossier, et pour ne déplaire à personne.

La civilité est d'une grande utilité dans le commerce de la vie : elle inspire la douceur, maintient la paix et le bon ordre, et rend les liaisons plus faciles et plus agréables ; elle ôte les vices qui viennent d'un esprit dur; elle exclut cette grossièreté qui, sous le nom de franchise, se permet souvent des vérités désobligeantes ; elle est enfin un témoignage extérieur de la bienveillance qui devroit toujours être au-dedans de soi.

La civilité s'étend sur toutes les actions de la vie, qui doivent être conformes à la bienséance et à l'honnêteté, c'est-à-dire, à l'honneur et à la vertu. Je vais vous prouver, mes enfants, que la civilité regarde les actions les plus ordinaires de la vie, comme les plus importantes : dis-moi Emilie, de quelle manière tu commences la journée ?

EMILIE.

Lorsque je m'éveille, je donne

mon cœur à Dieu, pour me mettre sous sa protection, et lui demander les grâces dont j'ai besoin; ensuite je me lève, sans me le faire dire deux fois, et je m'habille.

M. D'ALBANE.

Tu ne fais donc point la paresseuse? ta réflexion me plaît. Un enfant qui se lève tout de suite et gaiement, fait espérer qu'il remplira ses devoirs de bonne grâce et même avec plaisir.

Sans doute, mon Emilie, tu gardes, en t'habillant, une grande décence et une grande retenue, non-seulement devant les autres, mais encore envers toi-même, parce que Dieu te voit, qu'il est présent partout, et qu'il faut craindre de lui déplaire?

EMILIE.

Mon papa, je suis toujours couverte, même quand je suis seule. Maman dit qu'une fille ne saurait être trop modeste; elle veut aussi que je sois propre, et je me lave tous les jours la figure, la bouche et les mains.

M. D'ALBANE.

La propreté entretient la santé: quand on ne se lave point la bouche, on finit par sentir mauvais, les dents se gâtent, on les perd de bonne heure, et l'estomac en souffre. Et toi, Prosper, que fais-tu lorsque tu es habillé?

PROSPER.

Je prie le bon Dieu. C'est lui qui m'a donné mon papa et maman, que j'aime de tout mon cœur. Je lui demande de me les conserver, et de me faire la grâce d'être toujours bien sage.

M. D'ALBANE.

C'est bien, mon ami!...... Et toi, Auguste, que fais-tu après ta prière ?

AUGUSTE.

Mon premier soin est de courir dans la chambre de mon papa et de maman, pour m'informer de leur santé et recevoir leur bénédiction.

M. D'ALBANE.

Voilà donc la première partie du jour employée selon les règles de la civilité ou de la *civilisation*, qui consiste dans la bienséance et l'honnêteté : car vous n'avez rien omis de ce que vous deviez à Dieu, à vos parents et à vous-mêmes. Poursuivons. Elisa, qui est déjà grande, va nous dire comment il faut qu'un enfant se comporte à table, soit chez ses parents, soit ailleurs.

ELISA.

Avant de se mettre à table, un enfant doit avoir soin de laver ses mains, s'il ne l'a point fait auparavant.

Il doit attendre sans se presser qu'on lui ait montré la place qu'on lui destine.

Il doit dire tout bas son bénédicité et ses grâces, sans se faire remarquer. Nous devons offrir nos repas à Dieu, et le remercier des biens qu'il nous envoie; mais il faut éviter d'attirer l'attention sur soi, dans la crainte de passer pour un petit hypocrite.

M. D'ALBANE.

Elisa a raison. Dieu dit, en parlant de l'aumône: *Que votre main gauche ne sache point ce que fait votre main droite.* Il en est de même des pratiques religieuses, qui doivent se passer entre Dieu seul et vous. Auguste va nous dire comment on se tient à table.

AUGUSTE.

Pour être à table convenablement, il ne faut être ni trop près ni trop loin, et ne point s'asseoir de côté. On range auprès de son assiette son couvert, son pain, son gobelet, de manière à ne point incommoder ses voisins; on a soin encore de serrer ses coudes contre soi pour tenir moins de place, et si l'on coupe quelque chose sur son assiette, on évite d'écarter les bras, ou de ſaire sauter de la sauce à droite et à gauche.

M. D'ALBANE (*regardant Prosper.*)

Je connais un petit garçon qui met ses coudes sur la table chez son papa et sa maman; ce qui est fort laid. On ne doit appuyer que les poignets sur le bord de la table, et tenir son corps droit, sans gesticuler sans cesse des pieds et des mains.

PROSPER.

Mon papa, ce petit garçon-là ne le fera plus. Je sais bien aussi ce qu'il faut ſaire pour se bien conduire à table.

On place sa serviette sur soi, de manière à conserver ses habits; on s'en sert pour s'essuyer la bouche et les doigts, et on ne la laisse pas couler à terre, comme font les petits enfants.

On ne souffle pas sa soupe pour la refroidir; cela n'est pas poli; on la remue doucement avec sa cuiller.

Un enfant ne doit jamais tendre son assiette pour être servi avant les autres; on le prendrait pour un gourmand et un impoli. Il ne faut pas non plus tenir son pain à pleine main: on le laisse à côté de son assiette, en prenant des bouchées qui ne soient pas trop grosses, et en mangeant ensemble la croûte avec la mie.

M. D'ALBANE.

Je suis fort content de toi, mon ami; tu as retenu à merveille les leçons que je t'ai données: j'espère que tu les observeras de même.

Vous remarquerez, vous autres grands, qu'il est incivil de choisir ce qu'il y a de meilleur, quand on vous présente un plat. Et toi, Auguste, souviens-toi qu'on laisse toujours aux dames les morceaux les plus délicats. Emilie nous dira aussi, sans doute, ce qu'elle sait sur la manière de se conduire à table.

EMILIE.

Je sais, mon papa, qu'il ne faut manger ni trop lentement, ni trop vite, de crainte de paraître gourmand, ou d'ennuyer tout le monde; qu'il ne faut point dire son sentiment sur les mets, à moins que le maître de la maison ne vous le demande, et répondre alors de la manière qui peut lui être la plus agréable.

Quand on trouve dans les mets quelque chose de malpropre, il faut l'ôter adroitement, sans que personne s'en aperçoive.

M. D'ALBANE.

C'est bien; peu à peu nous arriverons. Et toi, Prosper, n'as-tu plus rien à nous dire?

PROSPER.

Pardonnez-moi, mon Papa : il ne faut pas tenir son couteau sans cesse à la main, la pointe en haut, avec un petit morceau de pain au bout. (*Tous les enfants rient.*) On le prend quand on veut s'en servir, et on le remet ensuite sur la table, sans jouer avec.

AUGUSTE.

Tu pourrais dire aussi, mon frère, qu'on ne doit point prendre avec ses doigts le poivre ou le sel; mais se servir de la cuiller destinée à cet usage, ou de son couteau, après l'avoir bien essuyé, et ne pas prendre de ces choses au point d'en répandre.

M. D'ALBANE.

Je connais un petit garçon, qui est bien loin d'ici, à qui il reste mille choses à apprendre sur les règles de la civilité. Il jette par terre des os, des pelures de ſruits, au lieu de les mettre sur le bord de son assiette; il crache dans sa main les noyaux et les pepins, au lieu de les prendre dans sa bouche avec ses doigts; s'il a les lèvres grasses, il ne prend pas la peine de les essuyer avec sa serviette, et boit au risque de salir son verre, et même ayant la bouche pleine. Cet enſant met dans sa bouche de si gros morceaux, et si souvent, qu'on n'ose pas lui adresser la parole, parce qu'il ne saurait répondre, ou que s'il le ſaisait, il éparpillerait sur lui ce qui est sur le bord de ses lèvres.

PROSPER.

Mon papa, je ſaisois comme cela quand j'étais petit; mais depuis que j'ai six ans, je vide ma bouche avant d'y mettre une autre bouchée; je les fais aussi assez petites, pour que, si quelqu'un me parle, je puisse répondre promptement, sans faire de sottises.

Je ne tiens plus mon verre, comme je faisais, tout près du bord, ou à deux mains; à présent je le tiens près du pied, comme mon frère: je sais aussi qu'il ne faut boire ni trop lentement, ni trop vite, ou à diverses reprises; qu'il ne faut point faire crier ses lèvres comme si on tétait; et que lorsqu'on mange, il est très-vilain de faire du bruit, soit en frappant ses lèvres l'une contre l'autre, soit autrement.

M. D'ALBANE.

Je suis charmé, mon bon ami, que tu sois devenu tout à coup si raisonnable; car, s'il m'en souvient bien, tu n'as eu tes six ans que depuis huit jours; enfin te voilà grand garçon! Ainsi, tu auras soin, quand tu boiras, de ne point laisser errer ta vue de côté et d'autre; de la tenir fixée sur ton verre. Quand je te mènerai dîner en ville, et qu'il y aura des crêmes et d'autres friandises, tu ne les regarderas plus d'un air avide, comme si tu allais tout dévorer; quand on servira ton voisin, tu auras soin de ne pas examiner ce qu'on met sur son assiette, comme pour voir s'il a quelque chose de meilleur que toi; tu ne demanderas plus un morceau plutôt qu'un autre; impolitesse que, jusqu'ici, on a passé à ton jeune âge, et qui m'a toujours fait de la peine; enfin, tu ne recevras plus rien sans remercier poliment. Je suis certain que dorénavant tu te conduiras si bien, que je n'aurai jamais le plus petit reproche à te faire....

PROSPER.

Oui, mon papa, je vous le promets, et vous ne me verrez plus incommodé, comme autrefois, pour des gâteaux: la gourmandise n'est pardonnable que dans les enfants... (*Tous rient.*)

M. D'ALBANE.

Nous avons examiné les principales fautes que les enfants sont sujets à faire à table. Voyons à présent ce qui est de la bienséance lorsqu'on se trouve en visite. Dis-moi, Auguste, comment tu te présentes dans un appartement

AUGUSTE.

Arrivé à la porte d'un appartement, j'ôte mon chapeau d'abord : si je suis avec mon papa et maman, ou d'autres personnes, je les laisse passer avant moi. En entrant, je salue; je m'approche ensuite du maître et de la maîtresse de la maison, que je salue de nouveau; et, s'il y a compagnie, je fais un troisième salut pour tout le monde, en commençant par les personnes les plus considérables. Je m'informe de la santé du maître et de la maîtresse de la maison, ainsi que des personnes qui les intéressent; ensuite je vais m'asseoir à la place qui m'est désignée, en tenant mon chapeau à la main, sans en paraître embarrassé : je me tiens droit, sans affectation, sans remuer les jambes ou les mains, par défaut de contenance, et je garde le silence, à moins que quelqu'un ne m'adresse la parole.

M. D'ALBANE.

C'est fort bien commencer. Vous savez, Elisa, et vous Emilie, que cette manière de se présenter quelque part est la même pour les hommes et pour les femmes, à la révérence près. J'observerai que je vois tous les jours des jeunes gens qui s'enfoncent dans leurs siéges, allongent les jambes, et se tiennent avec un indécence qui blesse les personnes honnêtes et bien élevées : tu éviteras de leur ressembler, mon cher Auguste, j'ose m'en flatter.

Voici, mes enfants, quelques

préceptes généraux auxquels je vous engage à faire attention :

Lorsqu'un enfant se trouve en compagnie, il ne doit point se mêler de la eonversation des personnes plus âgées que lui; il faut qu'il apprenne de bonne heure à écouter, sans paroître ennuyé ou distrait; rien ne serait plus malhonnête que de bâiller tout haut, ou de fredonner un air entre ses dents. Si on bâille, il faut éviter qu'on s'en aperçoive, et mettre sa main ou son mouchoir devant sa bouche.

Quand on adresse la parole à un enfant, il doit répondre poliment et avec circonspection, d'une voix douce et modérée, sans abuser de la permission qu'on lui donne, pour devenir grossier ou importun : il est malhonnête d'élever la voix comme si l'on parloit à des sourds.

Un enfant doit parler à chacun selon son âge et le rang qu'il tient dans le monde; s'il parle à ses supérieurs, il doit le faire en peu de mots et avec beaucoup de modestie.

Un enfant qui se permet dans le monde de couper la parole aux grandes personnes, pour leur donner un démenti, et même pour affirmer ce qu'elles disent, donne une preuve frappante de la plus mauvaise éducation.

Pour être agréable en société, il faut étudier l'humeur de ceux avec qui on traite, respecter l'opinion, entendre raillerie, y répondre avec gaieté, ne jamais parler mal d'une personne absente, louer modérément, ne nommer personne dans ses citations, savoir se taire sur les affaires des autres, et garder religieusement un secret confié. Pourrois-tu, Elisa, me dire quelques-unes des règles que l'on doit observer en compagnie?

ELISA.

Vous nous avez dit souvent, mon cher papa, qu'il ne faut pas s'amuser aux dépens d'autrui; qu'il est inhumain de contrefaire ceux qui ont des ridicules, ou qui sont disgraciés de la nature; qu'il n'y a que des polissons qui puissent se permettre de faire la grimace aux gens derrière leur dos.

Je sais aussi qu'on ne doit point faire répéter deux fois la personne qui a parlé : c'est une impolitesse. Il ne faut pas non plus parler à l'oreille de son voisin, ni montrer du doigt la personne dont on parle; il est également malhonnête de faire des gestes en parlant, et d'éclater de rire : ces libertés ne sont tolérables qu'avec ses meilleurs amis.

M. D'ALBANE.

Oui, toutes ces choses doivent être observées à la rigueur.

J'ai encore à vous recommander, mes enfants, de ne dire jamais que ce que vous pensez, mais de ne pas dire tout ce que vous pensez : cela est une règle de prudence qui épargne des repentirs.

On ne doit jamais parler d'objets malpropres, ni se servir de termes grossiers ou dégoûtants.

Si vous êtes bons, mes enfants, vous serez gais avec ceux qui sont gais, sérieux avec ceux que l'âge ou le malheur rend graves et tristes.

Ne mentez *jamais*, et n'assurez rien avec serment : dites la vérité nûment et simplement.

Ne vous ingérez point de reprendre les autres : vous vous feriez haïr.

Quand vous auriez tout l'esprit du monde, ne cherchez point à briller : occupez-vous sans cesse de faire briller les autres; c'est le moyen le plus sûr de gagner l'estime et l'affection des personnes avec qui vous vous trouverez.

Il est ridicule de parler toujours de soi. Il faut, en compagnie, s'oublier entièrement, et n'être occupé que des personnes avec qui on est.

Si quelqu'un fait ou dit devant

vous quelque chose dont il ait honte ensuite, ne lui ſaites point apercevoir que vous l'ayez remarqué; au contraire, paraissez occupé d'un autre objet.

Ne vous vantez jamais; et si on vous loue, changez adroitement de discours.

N'otez rien aux louanges que l'on donne aux autres : on vous croirait envieux.

Prenez la défense des absents, mais sans vivacité et sans blesser ceux qui en parlent.

On peut dire des choses agréables sans être flatteur : il ne faut laisser passer aucune occasion de dire une vérité obligeante.

Ne faites point d'offre de services que vous ne puissiez réaliser. Dans ces circonstances le cœur doit conduire la bouche.

Si l'on vous fait un présent, recevez-le avec reconnaissance, quelque léger que soit le don, ayant plus égard à l'intention qu'à la chose donnée.

Ne parlez jamais des présents que vous faites, et, s'il se peut, faites-les de manière à rester inconnu, pour éviter des remercîments toujours désagéables pour l'amour-propre de celui qui reçoit.

Quand vous êtes quelque part, ne vous permettez jamais d'ouvrir un livre sans en avoir demandé permission. En général, ne touchez à rien : c'est manquer d'usage; ne fixez point les yeux sur l'adresse d'une lettre, ou sur tel autre papier ouvert devant vous : ce serait une indiscrétion.

Respectez les viellards et les

personnes élevées en dignité; écoutez-les en silence; cédez-leur la place la plus honorable; soyez avec eux d'une politesse révérencieuse, qui donne bonne idée de votre cœur et de votre éducation.

Tout le monde éternue et se mouche; mais les gens bien élevés se font à peine entendre, et portent leur mouchoir devant leur figure; il faut, autant que possible, s'abstenir de cracher, ou bien se servir de son mouchoir.

Il n'est plus d'usage de saluer quand on éternue; mais si quelqu'un vous salue, il faut le rendre.

Voilà, mes enfants, en grande partie ce que vous devez observer dans le monde, pour répondre aux bons soins de vos parents, et y faire honneur; mais avant d'être civils, ayez le cœur droit et des mœurs pures, afin que cette écorce de politesse ne cache point des défauts réels, préjudiciables à votre bonheur.

A. AIGLE.

Le grand aigle, nommé aussi l'aigle royal ou le roi des oiseaux. La femelle a jusqu'à trois pieds et demi de longueur, et plus de huit pieds et demi de vol ou d'envergure. Le mâle est plus petit que la femelle, et a le bec très-fort, les ongles noirs et pointus, les yeux très-grands et vifs.

L'aigle a la force et par conséquent l'empire sur les autres oiseaux, comme le lion sur les quadrupèdes ; il ne mange presque jamais sa proie en entier, et il laisse, comme le lion, les restes aux autres animaux. Nés tous deux pour le combat et la proie, ils sont également féroces, fiers et difficiles à réduire ; on ne peut les apprivoiser qu'en les prenant tout petits.

C'est de tous les oiseaux celui qui vole le plus haut. Il emporte des oies, des grues ;

il enlève aussi des lièvres, et même de petits agneaux et des chevreaux.

L'aigle a servi d'emblème au peuple romain; il est celui de plusieurs empires, royaumes et principautés du Nord.

B. BALEINE.

La baleine tient, sans contredit, le premier rang entre les animaux de mer de l'ordre des cétacés. C'est le plus grand de tous les animaux connus, et on peut le regarder comme le roi des mers.

On pêche cet énorme poisson dans le Groënland; il y en a qui ont jusqu'à cent trente et même deux cents pieds de longueur. Les nageoires de ces animaux sont d'une structure et d'une force proportionnées à leur masse : ce sont des os articulés, dont se sert la baleine pour embrasser et emporter son baleineau, qui ressemblent à des bras; au moins ils sont figurés comme ceux de la main et des doigts de l'homme, et sont soutenus et mis en mouvement par des muscles vigoureux; elles sont de six à huit pieds de long. Outre ces nageoires, elles ont une queue large et épaisse, qui a quatre brasses environ.

La baleine porte son baleineau dans ses nageoires : elle a deux mamelles avec lesquelles elle l'allaite. Son cuir est fort dur, noir, lisse, sans aucun poil, et de l'épaisseur d'un doigt; il recouvre la graisse, qui a huit, dix ou douze pouces d'épaisseur, et qui est d'un beau jaune quand l'animal se porte bien.

C. CHEVREUIL.

Le chevreuil est d'une espèce inférieure à celle du cerf. Il se tient ordinairement dans les taillis. Il a moins de hauteur de taille que le cerf; mais il a plus de grâce, plus de vivacité, de courage; il est plus gai, plus leste, plus éveillé; sa figure est plus agréable, ses yeux plus beaux, plus brillans, ses membres plus souples, ses mouvements plus prestes : sa robe est toujours propre, son poil net et lustré.

Il demeure en famille : le père, la mère et les petits vont ensemble, et on ne les voit jamais s'associer avec les étrangers. La femelle, que l'on appelle *chevrette*, produit ordinairement deux petits, que l'on appelle *faons*, l'un mâle, l'autre femelle.

Le chevreuil a des cornes, que l'on appelle *bois* ou *tête*, qu'il met bas à la fin de l'automne, et qu'il refait pendant l'hiver. Dans les premières années, chaque fois qu'il refait son bois, il revient comme une branche de plus de chaque côté : on appelle ces branches *andouillers;* il est rare d'en trouver plus de quatre ou cinq.

D. DEMOISELLE. (mouche.)

Elle doit ce nom à la longueur de son corps et à sa taille fine; car on ne connoît point de mouche qui ait le corps plus long et plus délié que celui de plusieurs espèces de ces demoiselles aquatiques : on y compte ordinairement onze anneaux.

Cette mouche naît dans l'eau, et y prend une accroissement complet. Elle commence par être un ver hexapode ou à six pieds; ce ver est encore jeune et très-petit quand il devient *nymphe;* il a déja dans toutes ses parties la même proportion qu'il aura quand il sera formé.

Ces *nymphes* sont, pour la plupart, d'un vert brun souvent sali par la boue qui s'est attachée à leur corps. Elles vivent dix à douze mois sous l'eau, avant que d'être en état de demoiselle; arrivées à cet état, elles ont quatre ailes très-transparentes, argentées ou dorées dans les unes, ornées de taches colorées dans d'autres.

E. ÉPAGNEUL.

La tête de cette race de chien est petite et arrondie; les oreilles sont larges et pendantes; ses jambes sèches et courtes; le corps est mince et la queue relevée : il a le poil lisse et de longueur très-inégale sur différentes parties du corps; car il est fort long aux oreilles, sous le cou, derrière les cuisses, sur la face postérieure des quatres jambes, sur la queue, et plus court sur les autres parties du corps.

La plupart des épagneuls sont blancs; les plus beaux ont la tête d'une autre couleur, comme brune ou noire, et sont marqués de blanc sur le museau et sur le milieu du front.

Les épagneuls noirs et blancs ont pour

l'ordinaire des taches de couleur fauve au-dessus des yeux. Il y a de grands et de petits épagneuls : ceux-ci sont les plus communs.

F. FURET.

Joli petit quadrupède du genre des belettes : il ressemble au putois pour la couleur ; mais il a le corps plus allongé et plus mince, la tête plus courte, le museau plus pointu ; la longueur de son corps, jusqu'à l'origine de sa queue, est de quatorze pouces. Il a en tout temps une mauvaise odeur. Il a les yeux vifs et rouges, le regard enflammé, tous les mouvements très-souples ; il est l'ennemi juré du lapin, et il est si vigoureux, qu'il vient à bout d'un lapin quatre fois plus gros que lui.

Le furet varie par la couleur du poil, comme les autres animaux domestiques. On le mène à la chasse ; mais lorsqu'on le lâche dans les trous de lapins, on le muselle, afin qu'il ne les tue pas dans le fond du terrier, et qu'il oblige seulement ceux qu'il a harcelés, à sortir et à se jeter dans le filet dont on couvre l'entrée.

G. GIRAFFE.

C'est un des premiers, des plus beaux, des plus grands animaux, et qui, sans être nuisible, est en même temps de peu d'utilité. La disposition de ses jambes, dont celles de devant sont une fois plus longues que celles de derrière, fait obstacle à l'exercice de ses forces; son corps n'a point d'assiette; sa démarche est vacillante; ses mouvements sont lents et contraints : elle ne peut ni fuir ses ennemis dans l'état de liberté, ni servir ses maîtres dans l'état de domesticité; aussi l'espèce en est peu nombreuse, et a toujours été confinée dans les déserts de l'Éthiopie et de quelques autres provinces de l'Afrique méridionale et des Indes.

H. HIPPOPOTAME.

L'HIPPOPOTAME, ou cheval marin, est un animal amphibie qui habite plus l'eau que la terre, qui tient extérieurement du cheval et du bœuf : il a, de la tête à la queue, treize pieds de long. Son corps a quatre pieds et demi de diamètre, sa tête deux pieds et demi de large et trois pieds de long, l'ouverture de la bouche un pied. Ses jambes sont très-grosses, ainsi que ses pieds, qui ont quatre doigts environnés partout d'un ongle et d'une forme de talon qui fait comme une cinquième division ; le museau gros, les yeux petits, les oreilles minces, la queue d'un pied de long, grosse à son origine, et se terminant en pointe.

L'hippopotame entre peu dans la mer ; il préfère l'eau douce, sur-tout celle qui coule dans des prairies et des terres cultivées. Le requin et le crocodile redoutent cet animal : on le trouve en Egypte et sur les côtes d'Afrique.

I. ICHNEUMON (mouche.)

Ces mouches sont vives et hardies ; elles ne vivent que de chasse : elles sont armées de deux fortes dents ; elles ont quatre ailes ; leur ventre ne tient à la poitrine que par un filet très-fin ; elles ont d'assez longues antennes qu'elles agitent continuellement. La chasse favorite des *ichneumons* est celle qu'elles font aux araignées, sur lesquelles elles tombent comme des vautours.

Ces mouches sont de toute grandeur, depuis celle de la demoiselle jusqu'à celle des plus petits moucherons. La plupart ont la même forme : les unes n'ont point de queues apparentes, d'autres en ont souvent de très-longues.

Ce sont les femelles qui sont pourvues

de ces queues, qui ont une espèce d'aiguillon capable de pénétrer les chairs les plus compactes et même les corps les plus durs. Lorsque la mouche veut pondre ses œufs, elle va se poser sur une chenille ou sur un ver; l'insecte a beau s'agiter, se tourmenter, elle enfonce sa tarière, et coule un œuf au fond de la plaie qu'elle vient de faire. Les vers qui sortent de ces œufs, se nourrissent du corps même de la chenille ou du ver, et font périr l'insecte.

J. JAGUAR.

Cet animal quadrupède du Nouveau-Monde, ressemble assez à l'once, par la grandeur, la forme et les taches dont sa robe est semée, et même par le naturel. C'est l'animal le plus formidable, le plus cruel; c'est, en un mot, le tigre du Nouveau-Monde.

Le jaguar vit de proie comme le tigre, mais il ne faut, pour le faire fuir, que lui présenter un tison allumé ; et même, lorsqu'il est repu, il perd tout courage et toute vivacité ; un chien seul suffit pour lui donner la chasse : il n'est léger, agile, alerte, que quand la faim le presse.

K. KAKONGO.

Poisson de la forme d'un saumon, lequel se trouve dans les rivières de Congo et d'Angola en Afrique. Sa chair est grisâtre et très grasse. Les pêcheurs sont obligés de porter ce poisson au roi du pays.

L. LAMANTIN.

Le lamantin ou manati est un grand piosson long de seize pieds et même plus, large de trois pieds et demi. Sa tête est hideuse ; il a de petits trous au lieu d'oreilles, mais il n'en a pas l'ouïe moins fine. Sa tête est couverte d'une peau dure et épaisse, garnie de poils courts, clairs, d'un cendré brun; ses yeux sont petits en proportion de sa grandeur. La femelle a deux mamelles placées à la poitrine, et deux pieds proche les épaules, qui ont la figure de vraies nageoires; ses pieds de derrière sont confondus dans la queue, qui est informe et large.

On trouve le lamantin dans les rivières qui descendent dans celle des Amazones. Il se nourrit d'herbes qu'il trouve sur le rivage, et ne boit que de l'eau douce.

M. MOUSTAC.

Le moustac a des abajoues, la queue beaucoup plus longue que la tête et le corps pris ensemble; il a la face d'un noir bleuâtre, avec une grande et large marque blanche au-dessous du nez, sur toute l'étendue de la lèvre supérieure, qui est nue dans toute cette partie; elle est seulement bordée de poils noirs, aussi bien que la lèvre inférieure; il a le corps court et ramassé; il porte deux toupets de poil d'un jaune vif au-dessous des oreilles; il a aussi un toupet de poil hérissé au-dessus de la tête : il marche à quatre pieds, et il n'a qu'environ un pied de longueur. C'est de tous les singes à longue queue celui qui paraît le plus joli.

N. NARHWAL.

Le narhwal, ou licorne de mer, est un grand animal du genre des cétacés, et qui se trouve, de même que la grande baleine, dans les mers du Groënland. Il a trente à quarante pieds et plus de longueur. Ce cétacé est remarquable entre tous les autres : sa tête est armée extérieurement d'une défense qui est cannelée en spirale, comme tortue dans toute sa longueur, et finissant en pointe : cette défense est longue de sept pieds et davantage; elle sort, de la mâchoire supérieure au-dessus de la lèvre, plus communément du côté gauche que du côté droit; elle se dirige en avant, imite l'ivoire, est plus solide, plus pesante, et n'est pas si sujette à jaunir.

Cet animal a au-dessus de la tête un trou ou tuyau, garni d'une soupape par où il jette l'eau en expirant l'air. Il est l'ennemi de la baleine, qu'il combat et perce avec sa défense.

O. OUANDEROU.

Nom que l'on donne à cette espèce de singe, à Ceylan. Il a des abajoues et des callosités sur les fesses, la queue de sept à huit pouces de long, les dents canines plus longues et plus grosses que celles de l'homme, le museau gros et allongé, la tête environnée d'une large crinière et d'une grande barbe de poils rudes, le corps assez long et assez mince par le bas. Il y a dans cette espèce des races qui varient par la couleur du poil : les uns ont celui du corps noir et la barbe blanche ; les autres ont le poil du corps blanchâtre et la barbe noire : ils marchent à quatre pieds plus souvent qu'à deux, et ils ont trois pieds ou trois pieds et demi de hauteur lorsqu'ils sont debout.

P. PHOQUE.

Le Phoque est une espèce d'amphibie vivipare. Il a la tête ronde comme l'homme, les yeux grands et placés haut, deux trous auditifs en place d'oreilles, les dents assez semblables à celles du loup, la langue échancrée à la pointe, le cou bien dessiné, le corps, les mains et les pieds couverts d'un poil court et assez rude ; point de bras ni d'avant-bras, mais deux mains, ou plûtot deux membranes renfermant cinq doigts terminés par cinq ongles ; deux pieds sans jambes se réunissant à une queue très-courte.

Il est d'un naturel doux, facile à apprivoiser, entend la voix de l'homme, et donne des signes d'intelligence et de docilité. Ce poisson donne de la voix; on peut la comparer à l'aboiement d'un chien, et quand il est petit, au miaulement d'un chat.

Q. QUADRICOLOR.

Ce petit gros-bec étranger est donné par Albin sous le nom de *moineau de la Chine*. On le donne ici sous le nom de *quadricolor*, qui suffira pour le distinguer de tous les autres de ce genre, et qui lui convient très-bien, parce que c'est un bel oiseau, peint de quatre couleurs vives également éclatantes, ayant la tête et le cou bleus, le dos, les ailes et le bout de la queue verts, une large bande rouge, en forme de sangle, sous le ventre et sur le milieu de la queue; et enfin le reste de la poitrine et du ventre d'un brun clair ou couleur de noisette. On ne sait rien de ses habitudes naturelles.

R. RAT.

Le rat domestique est connu de tout le monde: il habite dans les granges ou dans les vieilles maisons ; il a environ sept pouces de longueur : sa queue est plus longue que son corps ; ses oreilles sont grandes, arrondies, transparentes ; il a quatre doigts aux pieds de devant, et cinq à ceux de derrière ; tout son corps est couvert d'un poil d'un brun obscur, et sa queue de très-petites écailles, entre lesquelles sont quelques poils très-clair-semés.

Il est carnacier, et même omnivore ; il préfère les choses dures aux plus tendres; il ronge la laine, les étoffes, les meubles, perce le bois, fait des trous dans les murs, se loge dans l'épaisseur des planchers.

Un gros rat est plus méchant et presque aussi fort qu'un jeune chat : le rat le mord, et le chat ne se défend que de la griffe.

S. SERVAL.

Le serval, ou chat tigre, est un animal féroce, plus gros que la civette ; il ressemble à la panthère par les couleurs du poil, qui est fauve sur la tête, le dos, les flancs, et blanc sous le ventre, et aussi par les taches qui sont distinctes. Ses yeux sont très-brillants, ses moustaches de soie longues et roides. Il a la queue courte, les pieds grands et armés d'ongles longs et crochus;

Il se tient presque toujours sur les arbres, où il fait son nid et prend les oiseaux, desquels il se nourrit: il saute aussi légèrement qu'un singe, d'un arbre à l'autre, et avec tant d'adresse et d'agilité, qu'en un instant il parcourt un grand espace. Quoique d'un naturel féroce, il fuit à l'aspect de l'homme, à moins qu'on ne l'irrite, car alors il devient furieux : il s'élance, mord, et déchire comme la panthère.

T. TAMANOIR.

Le tamanoir existe dans l'Amérique méridionale ; il a environ quatre pieds du museau à l'origine de la queue, la tête longue de quatorze à quinze pouces, le museau très-allongé ; la queue longue de deux pieds et demi, couverte de longs poils rudes ; le cou court, la tête étroite, les yeux petits et noirs, les oreilles arrondies, la langue menue, ronde, longue de plus de deux pieds, qu'il replie dans sa gueule, lorsqu'il la retire toute entière.

Il se nourrit de fourmis : quand il veut prendre sa nourriture, il insinue sa longue langue dans une fourmilière ; il la retire avec rapidité, et mange les fourmis qui s'y sont attachées.

U. UNAU.

On lui a donné le surnom de paresseux, à cause de la difficulté qu'il a à marcher ; ce qui paraît venir de sa mauvaise conformation. Il a le corps court, les cuisses mal emboîtées, les jambes courtes et mal tournées, point d'assiette de pied, point de doigts mobiles, mais deux ou trois ongles recourbés en dessous.

Faute de dents, le pauvre animal ne peut se nourrir ni de chair, ni même brouter l'herbe : il est plusieurs jours à se traîner et grimper à un arbre ; pendant ce temps il souffre les plus pressants besoins ; quand il y est, il s'accroche aux branches, et reste sur l'arbre jusqu'à ce qu'il soit entièrement dépouillé : il passe ainsi plusieurs semaines sans pouvoir délayer par aucune boisson cette nourriture aride : quand l'arbre est entièrement nu, il y reste encore, par l'impossibilité d'en descendre, et se laisse enfin tomber comme une masse.

V. VACHE.

Femelle du bœuf, animal aussi utile que connu. Le bœuf ne convient pas autant que le cheval, l'âne, le chameau, etc., pour porter des fardeaux; mais la grosseur de son corps et la largeur de ses épaules le rendent propre à tirer et à porter le joug. Il semble avoir été fait exprès pour la charrue : la masse de son corps, la lenteur de ses mouvements, semblent concourir à le rendre propre à la culture des champs.

On se sert également de vaches pour le labour; mais plus ordinairement on les réserve pour le produit, quand elles sont pleines : on cesse de les traire deux mois avant qu'elles mettent bas leur veau, parce que le lait n'est plus bon, et que d'ailleurs la vache en a besoin pour nourrir son fœtus; on lui luisse également son lait pendant les deux premiers mois, après qu'elle a vêlé.

X. XOCHITOL.

Le xochitol est un petit oiseau de la Nouvelle-Espagne; il est de la grosseur d'un moineau; son plumage est varié de jaune pâle, de brun, de blanc et de noirâtre, le dessous des ailes d'une couleur cendrée. Il a le ramage assez agréable. Il vit, comme les troupiales, d'insectes et de graines : il suspend son nid à de petites branches. Il est bon à manger.

Y. YACOU.

C'est le cri de cet oiseau, qui lui a fait donner ce nom. Il est de la grosseur d'une poule ordinaire; il a une huppe sur la tête, qui approche beaucoup de celle des hoccos, point d'éperons aux pieds; il a le bec grêle et allongé, le coude menu, une membrane charnue sous la gorge, les plumes de la queue toutes égales.

La couleur principale de son plumage est le noir mêlé de brun, avec différents reflets et quelques mouchetures blanches sur le cou, la poitrine, le ventre, etc.; ses pieds sont d'un rouge assez vif.

L'yacou est d'un naturel doux et tranquille. Sa chair est bonne à manger.

Z. ZÉBU.

Le zébu est une espèce de petit bœuf; il a la croupe plus ronde et plus pleine que les bœufs ordinaires. Il a une bosse ou loupe qui est exactement sur les épaules, au défaut du cou : le poil qui est dessus est noirâtre; il est de couleur blanche mêlée de jaune et d'un peu de rouge; le poil de l'épine du dos est noirâtre, la queue de même couleur; il n'a point de crinière, et le poil du toupet est très-petit.

Le zébu est si doux, si familier, qu'il lèche comme un chien, et fait des caresses à tout le monde: c'est un très-joli animal, qui paraît avoir autant d'instinct que de docilité. Il est commun en Afrique, et est bon à manger.

FIN.

AVALLON, DE L'IMPRIMERIE DE COMYNET.

www.ingramcontent.com/pod-product-compliance
Ingram Content Group UK Ltd.
Pitfield, Milton Keynes, MK11 3LW, UK
UKHW020320220726
13923UKWH00003B/1279